AF563068

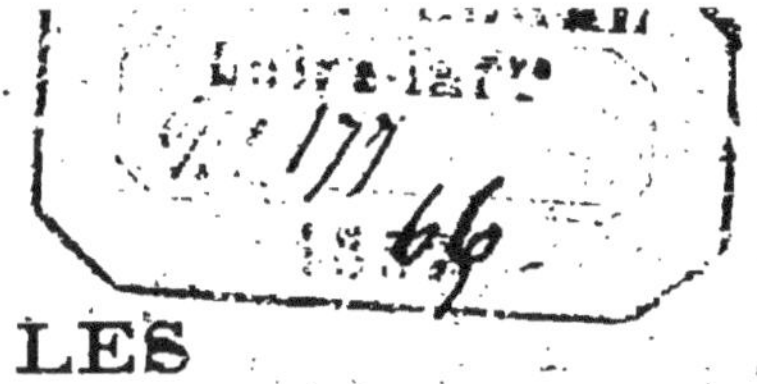

LES ENFANTS NANTAIS

D'APRÈS LE *PHARE DE LA LOIRE*

PAR

EUGÈNE DE LA GOURNERIE.

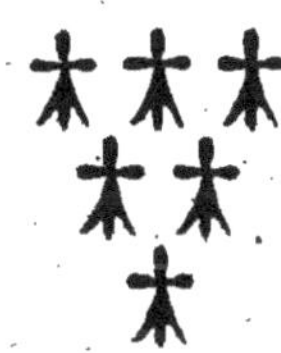

NANTES,

MAZEAU, LIBRAIRE,
RUE DE L'ÉVÊCHÉ.

LIBAROS, LIBRAIRE,
CARREFOUR CASSERIE.

1866.

LES
ENFANTS NANTAIS

D'APRÈS LE *PHARE DE LA LOIRE*

PAR

EUGÈNE DE LA GOURNERIE.

NANTES,

MAZEAU, LIBRAIRE, RUE DE L'ÉVÊCHÉ. | LIBAROS, LIBRAIRE, CARREFOUR CASSERIE.

1866.

LES ENFANTS NANTAIS,

D'APRÈS LE *Phare de la Loire.*

Le *Phare de la Loire* tient à faire comme le serpent du fabuliste, il prétend ronger une lime, sans prendre garde que la lime à laquelle il s'attaque a usé, depuis dix-huit siècles, bien d'autres dents que les siennes, et qu'elle ne craint pas même *celles du temps.* Ai-je besoin de rappeler la conclusion de La Fontaine :

> Ceci s'adresse à vous..................
> Qui.......... cherchez surtout à mordre ;
> Vous vous tourmentez vainement ;
> Croyez-vous que vos dents impriment leurs outrages
> Sur tant de beaux ouvrages ?
> Ils sont pour vous d'airain, d'acier, de diamant.

Au nombre des *beaux ouvrages*, il nous sera bien permis, je pense, de compter l'histoire de la saintété sous toutes ses formes, c'est-à-dire de toutes les vertus et de tous les courages. Cette histoire est un roman, dites-vous ; il est certain que, pour bien des âmes, une pareille histoire ne peut être qu'un roman ; mais je me souviens qu'aux yeux de Napoléon, rien n'était impossible à un Français debout et armé sous le drapeau de la France, et je ne puis m'étonner que rien n'ait été impossible à des chrétiens fermes et convaincus sous le drapeau de la foi.

Le *Phare*, je le sais, a des patrons de moins dure résistance, et tel est peut-être le secret de son acharnement contre les nôtres. Déjà, au dernier siècle, M. de Voltaire s'efforçait de souiller de sa honte et de ses mensonges la gloire de la Pucelle, et aujourd'hui M. de Rolland, le correspondant *érudit* du *Phare*, marche de loin sur ses traces en s'attaquant tantôt aux plus douces vertus dans la personne de Françoise d'Amboise, tantôt à la dignité même et à l'énergie de la conscience dans la pieuse légende des *Enfants Nantais*. Les *actes* de leur martyre, ces *actes* qui ont éveillé dès l'enfance, dans plus de soixante générations, les idées de devoir, de dévouement et de mépris de la mort, ne sont, à ses yeux, qu'une fantaisie d'imagination sortie du cerveau de quelque moine. Mais au moins les avez-vous lus, ces *actes ?* Savez-vous à quelle époque ils remontent ? Ce qui peut en faire douter, c'est que vous ne les citez jamais. Vous les auriez trouvés cependant parmi les *Acta sincera* de dom Ruinart ; vous les auriez trouvés dans la collection des Bollandistes, avec toutes les raisons de croire à leur authenticité. Mais non, mieux vaut nier avec assurance. On voulait des reliques, et l'on a inventé des saints. Telle est pour vous toute l'histoire.

Assurément nous professons un grand respect pour les restes mortels de ceux qui nous ont tracé la voie de la civilisation dans le temps et de la vie dans l'éternité ; nous les recueillons avec empressement ; nous les enchâssons dans l'or, comme autant de vivants témoins des plus hautes leçons et des plus beaux exemples. Fanatisme ! Superstition ! criez-vous ; mais, en vérité, ne dirait-on pas, à vous entendre, que c'est nous qui nous sommes disputé, brin à brin, les rideaux de Voltaire à Ferney, qui avons porté les reliques de Marat au Panthéon, en parlant d'apothéose, ou qu'on rencontre faisant le pèlerinage de Montmorency, afin de vénérer, à l'Ermitage, le mouchoir *sale* de Jean-Jacques ? Tenez, croyez-moi, de tels cultes doivent rendre modeste. Que ne donnerait-on pas, en certains lieux, pour la chemise de Robespierre !

Donatien et *Rogatien,* — c'est M. de Rolland qui parle, — n'ont pas existé. S'ils ont existé, ils n'étaient pas chrétiens, et, partant, ils n'ont pu être martyrs.

Il n'ont pas existé ! Comment le prouvez-vous ? Vous vous étonnez qu'on ne donne pas leur *Etat civil*, qu'on ne dise pas le nom de leur famille, qu'on ne fasse pas connaître leur père. Or, sans père, on n'est pas né ; la conséquence est évidente.

Admirons d'abord l'aisance avec laquelle M. de Rolland parle de l'*Etat civil* et des noms de famille du *Portus Nannetum*, au IIIe siècle. Mais, à votre tour, Monsieur, me diriez-vous bien le nom de famille d'Arius, l'une de vos gloires cependant, car il niait la divinité de Jésus-Christ ? Pourriez-vous me faire connaître au juste l'année de sa naissance ? Vous plairait-il de m'apprendre quel pays lui donna le jour ? Est-ce Alexandrie ? Est-ce la Cyrénaïque ? Et si vous ne pouvez satisfaire aucun de mes désirs, serai-je en droit de conclure qu'Arius est une invention des conciles ? Le saint pape Clément était, tout le monde le savait, de race illustre ; mais auriez-vous pu me dire quelle était cette race, avant les récentes excavations faites en son église du mont Cœlius et les savantes déductions de M. de Rossi ? Et le grand pape saint Sylvestre ! Dites-moi donc, si vous le pouvez, son *nomen gentilitium* : chose facile, ce semble, puisqu'il était romain, c'est-à-dire d'un pays où ce nom se perpétuait souvent de génération en génération ; et, si vos recherches sont vaines, serons-nous réduits, faute d'*Etat civil*, à révoquer en doute l'existence de l'illustre pontife qui fut l'ami, l'aide et souvent l'inspirateur de Constantin ? Vous n'êtes pas enfin, Monsieur de Rolland, sans avoir lu Platon. Vous savez qu'il était fils d'Ariston et des premiers de la Grèce ; mais vous savez aussi qu'on ignore le lieu de sa naissance. Athènes et Egine s'en glorifiaient également. Serais-je bien venu à dire qu'évidemment il n'est pas né, car on ne naît pas en deux endroits ? Le raisonnement, à coup sûr, serait fort mauvais ; mais il serait de la force des vôtres.

Vous ajoutez que, dans le cas même où Donatien et Rogatien auraient existé, ils ne pouvaient être chrétiens. Pourquoi donc, je vous prie ? Parce que, dites-vous, le christianisme ne pénétra dans les Gaules que vers l'an 174, et fut longtemps encore avant de pouvoir se faire jour dans le nord et dans l'ouest.

Permettez-moi d'abord de vous faire remarquer que de l'an 174 à l'an 290, époque présumée du martyre des *Enfants Nantais*, il s'écoula plus de cent ans. Vous auriez pu vous rappeler aussi que, dès le second siècle, saint Irénée, évêque de Lyon, citait les églises des *Celtes*, — ceci nous touche de près, vous le voyez, — comme une preuve de l'unanimité des églises dans la confession de la foi. Avant lui, saint Justin avait déjà écrit qu'il n'était *pas un* peuple, grec, romain ou barbare, vivant sous des tentes ou sur des charriots, chez lequel des prières ne se fussent élevées, *au nom de Jésus crucifié*, vers le créateur de toutes choses. Ajouterai-je que Tertullien opposait, toujours au second siècle, les *églises des Gaules* à l'obstination des

Juifs? Ceci est un peu plus grave, convenons-en, que vos citations de La Bouderie et même de Lobineau [1]. Lobineau, d'ailleurs, vous vous gardez bien de le dire, était si peu de votre avis sur saint Donatien et saint Rogatien, qu'il a écrit lui-même pieusement leurs vies.

Mais je vous entends : saint Clair, qui porta le premier l'Evangile au pays de Nantes, *naquit*, dites-vous, *dans le IVe siècle;* comment donc Donatien et Rogatien purent-ils souffrir pour l'Evangile au IIIe?

Je ne sache, pour mon compte, que deux opinions sur l'époque de l'apostolat de saint Clair. La première et la plus ancienne est celle qui le fait disciple des apôtres, *apostolorum consortia conse-*

[1] Lobineau était certainement un savant illustre, mais qui avait, comme bien d'autres, les défauts de ses qualités. Critique éminent, il exagérait souvent la critique. C'est ainsi que, non content de nier l'existence fabuleuse de Conan Mériadec, il alla jusqu'à contester l'établissement temporaire des Bretons de Maxime, et se mit ainsi en contradiction avec l'histoire. Ces exagérations de critique se retrouvent à chaque page de ses *Vies des Saints*. Quant à son opinion sur l'époque de l'établissement du Christianisme en Bretagne, on sait qu'il écrivit dans deux sens différents. Sa discussion, à cet égard, avec D. Liron est restée célèbre, et tout le monde sait que ce ne fut pas lui qui eut alors le beau rôle ni le dernier mot. Le *Phare* s'autorise du catalogue des saints inconnus, c'est-à-dire dont les actes n'ont pas été retrouvés, pour nier l'existence de ces saints. Autant vaudrait biffer un quart des noms sur la liste des grands officiers de la couronne, par la même raison que ces noms n'ont pas laissé de trace dans l'histoire.

cutus. Vous la trouverez dans tous les monuments antérieurs au XVIIIe siècle. La seconde, celle du XVIIIe siècle, s'appuyant principalement sur le petit nombre de chrétiens des Gaules au temps de l'empereur Dèce, recule jusqu'à cette époque, c'est-à-dire jusqu'au IIIe siècle, la venue de saint Clair. On fit ainsi pour notre saint ce qu'on pourrait faire pour saint François-Xavier. Qui empêche, en effet, par cette bonne raison que les chrétientés des Indes sont encore dans l'enfance, de retarder de deux siècles la prédication de l'apôtre des Indes? Admettez au reste l'opinion qui vous plaira; faites venir saint Clair sous Domitien ou sous Dèce, il sera toujours antérieur aux *Enfants Nantais* [1].

Voilà cependant à quoi aboutissent les prétendues contradictions que vous signalez. Etes-vous plus heureux sur le chapitre des supercheries? Saint Clair, à vous entendre, serait qualifié de *martyr*, sans avoir jamais souffert pour la foi. Ouvrez, je vous prie, le premier livre de messe venu, vieux ou neuf, imprimé en gothique ou en petit-romain, et

[1] M. de Rolland invoque, à l'appui du IVe siècle, je ne sais quelles vies des saints sorties de l'officine Pigoreau. Lorsqu'on a la prétention de discuter sérieusement, la première condition est de n'invoquer que des autorités sérieuses. Vous avez les Bollandistes; citez-les, si vous voulez, attaquez-les même, si bon vous semble; mais permettez-moi de mettre de côté les ouvrages de seconde main. Il est, pour le moins, étrange d'aller demander des renseignements pour le IVe siècle à un ouvrage d'hier, qui contredit tous les autres et qui n'a pour lui que le nom de Pigoreau.

vous y lirez simplement : *S. Clarus, episcopus et confessor.* Vous prétendez que le corps de saint Clair est à la fois conservé à Angers et à Tulle. Je sais qu'à Tulle il y a un saint Clair dont la fête est célébrée en juin, et qu'à Angers il y en a un autre, celui de Nantes, dont la fête est célébrée en octobre. Cela vous étonne! Est-ce qu'il n'y a pas plusieurs saints François, plusieurs saints Louis, plusieurs saints Jean? et ne pourra-t-on vénérer le corps de saint François d'Assise dans la ville de ce nom, parce qu'on vénère celui de saint François de Borgia à Rome [1]?

Enfin, suivant vous, saint Donatien et saint Rogàtien n'on pu être martyrs, d'abord parce qu'ils n'étaient pas chrétiens, et, en second lieu, parce que leur légende trahit l'apocryphe à chaque ligne. Ainsi, dites-vous, comment un *vieux* chrétien tel que Donatien ne savait-il pas qu'en cas de nécessité les laïques eux-mêmes peuvent conférer le baptême? Et comment peut-on admettre qu'une ville comme Nantes, une ville épiscopale, se trouvât sans prêtre pour l'administrer?

[1] M. de Rolland voit encore de la supercherie dans ce fait que le crâne de saint Clair, — il dit à tort *la tête*, — était à Nantes, tandis que son corps, — et il ajoute *entier*, — était à Angers. Il est certain que le corps fut transporté à Angers lors de l'invasion des Normands. Angers plus tard ne voulut pas le rendre; mais qu'y a-t-il de contradictoire à ce qu'une parcelle ait été restituée plus tard à l'Eglise de Nantes? Cela empêchait-il le corps, dans son ensemble, de rester à Angers?

Eh bien! vous le dirai-je, ces deux objections sont précisément pour moi une preuve de la sincérité des actes. S'ils étaient une œuvre d'imagination, on eût prévu la difficulté, tandis qu'on s'est borné à raconter, sans astuce et sans fraude. Qu'y a-t-il, après tout, d'extraordinaire à ce qu'un converti ne connût pas encore le pouvoir des laïques à l'égard du baptême, dans un temps surtout où ce sacrement n'était le plus souvent administré que par l'évêque et les jours de fêtes solennelles! Quant à cette rareté de prêtres qui vous surprend, vous êtes bien jeune, Monsieur de Rolland, si vous n'avez ouï parler d'une époque où vos amis étaient au pouvoir et où les pères ne trouvaient pas toujours des prêtres pour baptiser et bénir leurs enfants. Le mariage de M. de Châteaubriand fut retardé de plusieurs jours par défaut de prêtre, *sacerdotis abstentia fugitiva*; c'était comme au temps de saint Donatien et de Maximien-Hercule. Prenez-y garde, il y a des oublis qui sont aussi des maladresses.

Un dernier mot. Vous reprochez à l'Eglise d'avoir abusé de l'ignorance et de la crédulité des peuples, au moyen âge. Comment se fait-il alors qu'elle se prête d'elle-même à un examen franc, loyal et approfondi du passé dans toute assemblée compétente, congrès scientifique, sociétés d'archéologie, etc., etc.? Les questions que vous soulevez sur saint Clair ont été notamment traitées et discutées au congrès de Nantes en 1856. Pourquoi donc n'étiez-vous pas là ?

et pourquoi nul de vos amis ne dévoila-t-il alors la supercherie et l'imposture? Serait-ce donc que la science vous manque devant les savants et qu'elle ne vous revient avec la fierté que devant les *ignorants* et les *crédules?*

Nantes, imp. VINCENT FOREST et EMILE GRIMAUD, pl. du Commerce, 4.

Nantes, imp. Vincent Forest et Emile Grimaud.

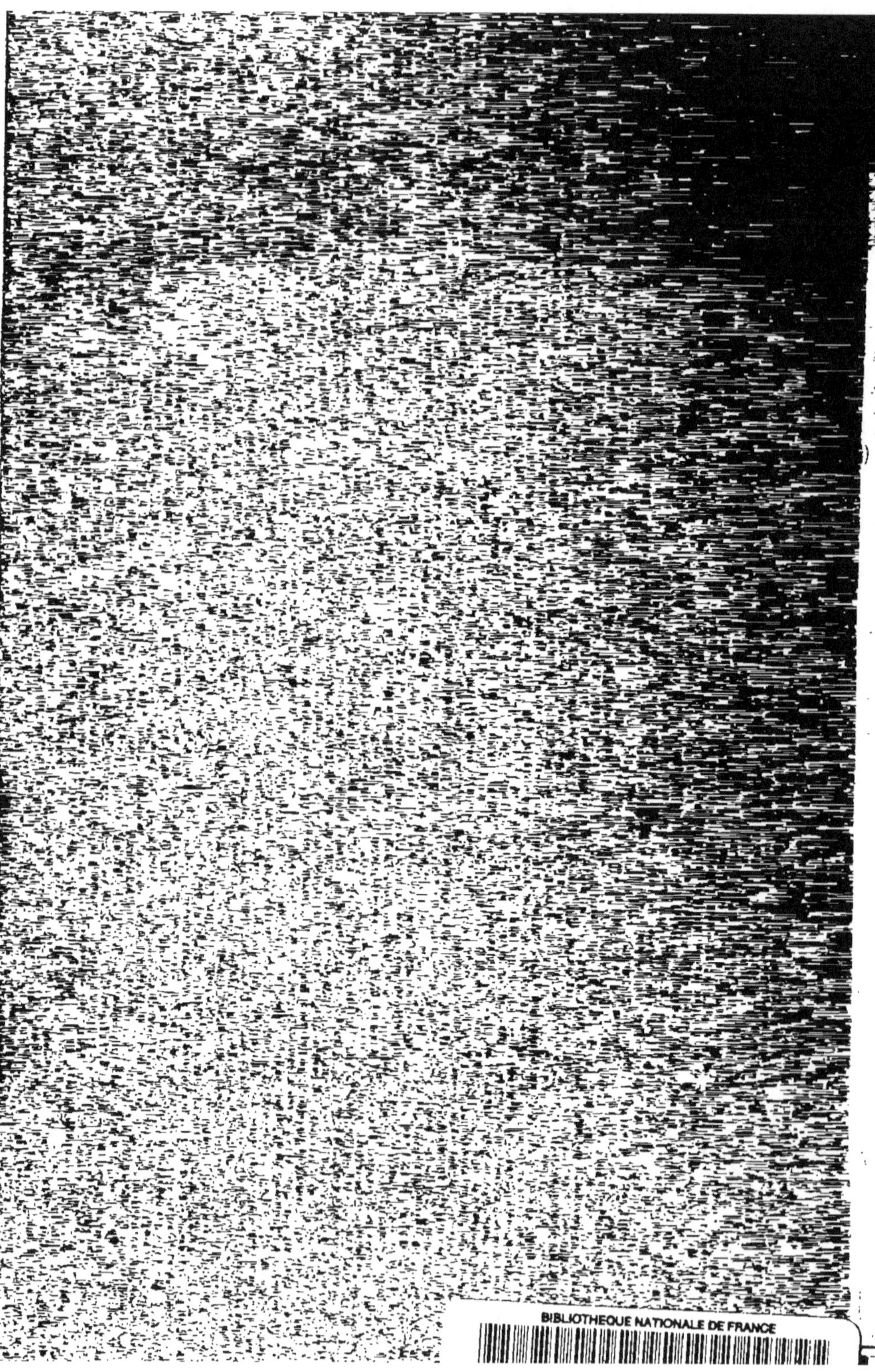

www.ingramcontent.com/pod-product-compliance
Lightning Source LLC
LaVergne TN
LVHW010301230826
846091LV00007B/3079

9782011786951